37

Reformzwänge bei den geheimen Nachrichtendiensten?

Überlegungen angesichts neuer Bedrohungen

Klaus Lange

ISBN 3-88795-290-1

Akademie für Politik und Zeitgeschehen
Verantwortlich: Dr. Reinhard C. Meier-Walser (Chefredakteur)

Redaktion:
Barbara Fürbeth M.A. (Redaktionsleiterin)
Verena Hausner (stv. Redaktionsleiterin)
Christa Frankenhauser (Redaktionsassistentin)

Inhaltsverzeichnis

Vorbemerkung

Die Skizzierung der vorliegenden Überlegungen wurde nach den Anschlägen von London und Sharm El Sheik abgeschlossen. Obwohl diese hinsichtlich Stil der Durchführung und verwendeter Mittel bei aller Brutalität doch durchaus innerhalb des bisher bekannten Rahmens terroristischer Operationen liegen, stellt sich doch angesichts des immensen Fahndungs- und Schutzaufwandes zunehmend die Frage, ob die Kosten aller Art, die ein Schutz gegen die terroristische "asymmetrische Kriegsführung" verursacht, nicht zu hoch werden. Die Frage erscheint umso mehr als berechtigt, als der tatsächliche Schutz, der mit herkömmlichen Mitteln erzielt werden kann, sehr unzureichend ist.

Die Situation wird dadurch noch prekärer, als sich unter Fachleuten zunehmende Übereinstimmung dazu herausbildet, dass in Zukunft mit einer Entwicklung zu rechnen ist, die dadurch charakterisiert sein wird, dass sich die strategische Motivation des Terrorismus mit der taktischen Professionalität der Organisierten Kriminalität verbindet und damit vor dem Hintergrund sich erweiternder Proliferationsmöglichkeiten eine völlig neue Dimension von Bedrohung eröffnet.

Das sich abzeichnende "Triopol von Bedrohung"(Terrorismus, OK, Proliferation) wird, wenn es nicht gelingt, wirksame Gegenmaßnahmen zu entwickeln, m.E. zur größten Bedrohung seit dem Ende des Kalten Krieges heranwachsen. Es bedarf nicht allzugroßer Fantasie sich vorzustellen, dass einige terroristische Operationen, bei denen Massenvernichtungsmittel wirksam zum Einsatz gebracht werden, den Verlauf der Geschichte in außerordentlich negativer Weise beeinflussen würden. Von daher gesehen erscheinen alle Überlegungen als legitim, die die Verhinderung einer solchen Entwicklung zum Inhalt haben.

Im Folgenden wurde versucht, eine von vielen möglichen Überlegungen anzustellen und die Frage zu skizzieren, ob nicht auch neue Ansätze beim Versuch, neue strukturelle und operationelle Modelle für Verfasstheit und Tätigkeit der Nachrichtendienste zu beschreiben, einen Beitrag zur Reduzierung der sich abzeichnenden neuen Bedrohungen liefern könnten.

Die vorliegenden Gedankengänge, Hypothesen und Anmerkungen erheben keinerlei Anspruch auf Systematik. Einiges, was gefordert wird, mag mehr oder weniger bereits in der Entstehung begriffen sein, ohne dass es bekannt ist, in anderer Hinsicht mögen skizzierte Defizite vielleicht sogar untertrieben sein.

Stellenweise (S.14-16) wurde versucht, auch auf die grundsätzliche erkenntnistheoretische Problematik der Thematik einzugehen. Dass dabei einige verhältnismäßig abstrakte Überlegungen angestellt wurden, hat m.E. auch mit der grundsätzlichen Komplexität der Thematik zu tun.

Die vorliegenden Bemerkungen beruhen in großem Maß auf Gesprächen mit Experten verschiedener Länder, deren jeweilige Bestandsaufnahme und Diagnose allerdings so vielfältig bis konträr ausfiel, dass letztlich nichts anderes übrig blieb, als sich einen eigenen Reim auf das Gehörte und Gelesene zu machen, der zugegebenermaßen nur den Charakter eines Versuches tragen kann.

Von der These, dass auf dem Gebiet der nachrichtendienstlichen Arbeit begonnen werden muss, auch alternativ zu denken, soll allerdings bei aller Bruchstückhaftigkeit der vorliegenden Überlegungen nicht abgegangen werden.
Wenn es gelingen sollte, die fällige Diskussion ein wenig anzuregen, wäre der Zweck der kleinen Schrift bereits mehr als erreicht.

1. Fragestellung

Die Frage nach Reformnotwendigkeiten bei den geheimen Nachrichtendiensten ist nicht erst das Produkt der Erfahrung im Zusammenhang mit dem 11.9.2001. Sie stellt sich vielmehr mit großem Nachdruck bereits seit dem Ende des Kalten Krieges, als der große "klassische" Gegner, der Warschauer Pakt und hier insbesondere die Sowjetunion quasi "abhanden" kam und die schnelle Erosion des Ost/West-Gegensatzes neue Pandora-Büchsen öffnete, deren Inhalte während des Kalten Krieges im Wesentlichen eingefroren waren.

Während vor dessen Ende Phänomene wie Transnationale Organisierte Kriminalität, Proliferation oder auch Terrorismus in hohem Maß von den "Bewegungsnischen" abhängig waren, die ihnen der Kalte Krieg direkt oder indirekt zuwies, kam es nach der Aufhebung globaler Interessens- und Kontrollsphären zu einem wilden Wuchern neuer, vorwiegend nicht-staatlicher Bedrohungen, denen die Nachrichtendienste auf einmal mit ihren alten bzw. nun veralteten Strukturen und Werkzeugen gegenüberstanden.

Wenn es um das Thema der Reformzwänge bei den geheimen Nachrichtendiensten geht, sind in der heutigen Diskussion idealtypisch zwei Ansätze unterscheidbar: Ein "systemimmanenter", der von der grundsätzlichen und ausreichenden Steigerung der Leistungsfähigkeit der bestehenden nachrichtendienstlichen Bürokratien überzeugt ist und im Gegensatz dazu ein Ansatz, der davon ausgeht, dass die Verbesserungsfähigkeit dieser Bürokratien auf jeden Fall zumindest tendenziell erreicht ist, dass aber auf der anderen Seite eine Qualität der Bedrohung erreicht ist, angesichts welcher man bei Strafe unakzeptabler Kosten völlig neue Systeme der Informationsgewinnung, -verarbeitung und -vermarktung zu entwickeln gezwungen ist.

Der systemimmanente Ansatz stellt die Hypothese von der ausreichenden Leistungsfähigkeit grundsätzlich immer noch hierarchischer Bürokratien auch angesichts völlig neuer Bedrohungen nicht wirklich in Frage. Die Vertreter dieses Ansatzes fordern allenfalls mehr Geld, besseres Personal, einen verbesserten Informationsverbund mit allen einschlägigen theoretisch zur Ergänzung des Wissensstandes fähigen Organisationen und Bürokratien und vor allem eine Verdichtung der internationalen Kooperation. Auch die Notwendigkeit einer Verbesserung und Verfeinerung des bürokratieinternen Feedback ist im gedanklichen Rahmen des systemimmanenten Ansatzes durchaus unterzubringen.

Demgegenüber argumentieren die Kritiker, dass das Grundproblem, vor dem wir heute stehen, mit dem systemimmanenten Ansatz nicht zur Kenntnis genommen wird. Um darzustellen, was mit dieser These gemeint ist, muss man etwas weiter ausholen: Die Nachrichtendienste, wie sie heute noch bestehen, sind Produkte eines Lernprozesses, der von der Dynamik des Kalten Krieges determiniert war. D.h., dass es zwischen Subjekt und Objekt von Aufklärung keinen wesentlichen qualitativen Unterschied gab. Staaten oder Staatenbündnisse spionierten gegeneinander und auch wenn es historisch und sozial bedingte Unterschiede in den diversen "intelligence cultures" gab, so gab es doch nichts wirklich Neues unter der Sonne. Gigantische Bürokratien produzierten Operationen, um der jeweils anderen Seite ihre Geheimnisse zu entreißen und entwickelten gleichzeitig Schutzmassnahmen gegen entsprechende Versuche der anderen Seite.

Spionage im Kalten Krieg glich einem globalen Schachspiel, das zwar durch eine Eskalation der methodischen Raffinesse charakterisiert war, das aber letztendlich am Ende des Kalten Krieges als ein alles in allem "totes Rennen" geendet hatte. Zwar hatte die eine oder die andere Seite dann und wann durch einen neuen Zug überraschen und punkten können, letztlich aber kannten sich die Spieler zu gut, als dass, anders als beim Schach, ein klares "Matt" hätte erzielt werden können.

Der letztendliche Zusammenbruch des Systems des "realen Sozialismus" verdankte sich wesentlich nicht den Leistungen westlicher Intelligence, sondern war vielmehr das Resultat innerer Widersprüche des Sozialistischen Weltsystems. Damit soll nicht geleugnet werden, dass die westlichen Dienste zumindest in Teilbereichen ein realistisches Bild des Gegners hatten vermitteln können, ebenso wie die östlichen die Lebensdauer "ihres" Systems wahrscheinlich über seine "normale" Lebenserwartung hinaus hatten strecken können. Eine entscheidende Rolle für den Ausgang des kalten Krieges hatten die Dienste nicht wirklich spielen können. Auch nach dem Ende des globalen Dualismus änderte sich das Wesen der Intelligence-Bürokratien nicht, obwohl langsam aber sicher immer deutlicher wurde, dass die Objekte der zu leistenden Aufklärung, anders als zuvor, den Subjekten von Aufklärung immer weniger glichen.

Roy Godson spielte darauf an, wenn er bemerkt: "(...) There is increasing recognition that (...) much of the interdependent global community face nontraditional challenges for which the state-centric paradigm that served reasonably well during the twentieth century no longer provides sufficient explanation and guidance."[1]

Und Bernd Jakob geht in diesem Zusammenhang gleich noch einen Schritt weiter wenn er indirekt dem systemimmanenten Reformansatz eine Absage erteilt: "Nachrichtendienstliche Analysen gelangen (...) zusehends in eine kontinuierlich wachsende Konkurrenzsituation zu anderen – teilweise äquivalenten – Informationsangeboten. Neue Konzeptionen über Nachrichtendienste müssen deshalb zunächst klären, wie diese Organisationen in die Wissensstrategien der Informationsgesellschaft passen. Restrukturierungen, die lediglich im Kontext eines "schlanken Staates" auf aktuelle betriebswirtschaftliche Reorganisationsmuster (flache Hierarchien, Controlling, Outsourcing etc.) abheben, verfehlen – wie amerikanische Bemühungen der letzten Jahre zeigen – bereits im Ansatz den konzeptionellen Zugang zu einer Neupositionierung von Intelligence innerhalb des politisch-administrativen Systems."[2]

Die Frage nach den Reformmöglichkeiten und den Reformzwängen für die Nachrichtendienste geht über bürokratietheoretische und Fragen des angemessenen Managements weit hinaus. Wenn eine Terroristenorganisation am 11. September 2001 mit geschätzten Kosten von insgesamt einer halben Million $ einen – nur materiellen – Schaden in zweistelliger Milliardenhöhe erzielen konnte, dann deutet dies auf eine Asymmetrie von Bedrohung und Bedrohungserkenntnis hin, die von den hoch entwickelten demokratischen Industriegesellschaften nicht straflos ignoriert werden kann. Diese Asymmetrie kann auch nicht durch die Hypothese unter den Teppich gekehrt werden, dass im speziellen Fall von "9/11" ein "Betriebsunfall" im Zusammenwirken der Dienste vorgelegen habe, dass das System als solches aber grundsätzlich in der Lage sei präventiv zu wirken.

Die Frage muss lauten, ob die offenen Gesellschaften zu einer Erkenntnis von Bedrohungen in der Lage sind, die ihrem eigenen Anspruch gerecht wird, nämlich über die Fähigkeit zu verfügen, eine Konkurrenz von Perzeptionen der Realität zu garantieren, in deren Prozess die unrealistischere Sicht der Dinge zu Gunsten der realistischeren eliminiert werden kann. Kurz: Sind die Nachrichtendienste, wie wir sie heute haben, das geeignete Mittel um Realität und damit reale Bedrohung zu erfassen?

2. "Globalisierung" oder: Die veränderte Umwelt von Nachrichtendiensten

In ihrem Bericht über die "Globalisierung der Wirtschaft und die Zukunft der Menschheit"[3] schlägt die "Gruppe von Lissabon" die folgende Definition von "Globalisierung" vor: "Globalisierung bezieht sich auf die Vielfältigkeit der Verbindungen und Querverbindungen zwischen Staaten und Gesellschaften, aus denen das heutige Weltsystem besteht. Sie beschreibt den Prozess, durch den Ereignisse, Entscheidungen und Aktivitäten in einem Teil der Welt bedeutende Folgen für Individuen und Gemeinschaften in weit entfernten Teilen der Welt haben. Globalisierung besteht aus zwei verschiedenen Phänomenen: Reichweite (oder Ausbreitung) und Intensität (oder Vertiefung). (...) Globalisierung (...) bedeutet nicht (...) dass die Welt politisch geeinter, ökonomisch integrierter oder kulturell homogener wird. Globalisierung ist ein in sich hochgradig widersprüchlicher Prozess, sowohl was seine Reichweite als auch die Vielfältigkeit seiner Konsequenzen angeht."[4]

Man könnte auf den letzten Satz des Zitats eingehen und ihn in einem Paradoxon neu wie folgt formulieren: Globalisierung ist nicht global. Damit soll darauf angespielt werden, dass die vielfach beschworene, im Zuge von Globalisierung zunehmende Interdependenz nicht einheitlich und in gleicher Intensität überall auf dem Globus festzustellen ist. Vielmehr gibt es Zonen hoher Verdichtung von Kommunikation und Interdependenz und solchen, wo sogar ein Rückgang zu beobachten ist und außerdem gibt es nicht zu übersehende Abkoppelungsprozesse, die die Weltgesellschaft in wirtschaftlich, sozial und kulturell auseinander driftende Segmente aufspaltet, deren reziproke Kommunikationsdichte direkt proportional zur Intensivierung dessen, was wir "Globalisierung" nennen, abnimmt.

Wenn in diesem Zusammenhang auf Abkoppelungs- und Fragmentierungsprozesse angespielt werden soll, dann steht dahinter nicht nur die Hypothese, dass Globalisierung dramatische Unterschiede im Einkommen und in der Lebensqualität der Weltgesellschaft impliziert, sondern vor allem die vom Versagen etablierter Legitimationsrahmen: Für den größeren Teil der Gesellschaften auf der Erde gilt, dass der Export jener europäischen Erfindung namens "Nationalstaat" und seine Aufpfropfung auf soziale Gegebenheiten, denen er nicht angemessen war, zu dauernder politischer und sozialer Instabilität geführt hat. Nicht nur hat sich in diesen Gesellschaften die Zielsetzung des "nation building", – im Wesentlichen der bewusste oder unbewusste Versuch durch Liquidierung traditioneller Identifikationsrahmen Raum für den neuen weiteren der "Nation" zu schaffen – als Utopie erwiesen, sondern die auf vor-nationale Identifikationsrahmen zurücksinkenden Gesellschaften verteidigen den Erhalt derselben nun mit einer Rigorosität, wie sie ohne das enttäuschende Erlebnis des "Quasi-Nationalstaates" nicht möglich gewesen wäre.

In dem Maß aber, in dem Globalisierung die Luft aus den Popanzen der "Quasi-Staaten" lässt, ist sie gleichzeitig auch die Hauptursache dafür, dass ein Großteil der Gesellschaften sich beispielsweise in ethnischen Konflikten aufreibt. "Ethnie" ist einer jener vornationalen Identifikationsrahmen, die nach dem Scheitern von "nation building" im jeweiligen kollektiven Bewusstsein die Konnotation besonderer Unverzichtbarkeit besitzen.

Worauf mit diesen Thesenvorschlägen angespielt werden soll, lässt sich kurz zusammenfassen: Globalisierung impliziert eine Komplexitätserhöhung des nachrichtendienstlichen Umfeldes und im Einklang damit eine Änderung in der Qualität der Objekte nachrichtendienstlicher Aufklärung.

3. Anmerkungen zur Aufgabe von Nachrichtendiensten

In einer ersten groben Annäherung würden sich – idealtypisch und damit auch simplistisch – drei Typen von nachrichtendienstlicher Aufgabenstellung unterscheiden lassen:

3.1 Gewinnung und Analyse von Information zur Beurteilung gegnerischer Absichten und Möglichkeiten

Hierbei ist der Nachrichtendienst in erster Linie Werkzeug einer übergeordneten Instanz, in der Regel eines Staates, wobei es nicht Sache des Nachrichtendienstes ist, die Rationalität der gestellten Aufgabe zu hinterfragen. Man könnte in diesem Zusammenhang vom "Instrumentalistischen Ansatz" bei der Beschreibung nachrichtendienstlicher Aufgabenstellung sprechen. Diese "klassische" Interpretation hat ihren Ursprung historisch vor allem in der militärischen Aufklärung und ist aber inzwischen von ihrer Blütezeit, vom Ersten Weltkrieg über den Zweiten Weltkrieg bis zum Ende des Kalten Krieges zwar nicht zeitlich, wohl aber in ihrer aktuellen Relevanz weit entfernt.

3.2 Erfassung und Analyse von Prozessen, die sich in Konstellationen niederschlagen können, die die Stabilität und Lernfähigkeit des soziopolitischen Systems bedrohen

Bei diesem Ansatz zur Beschreibung nachrichtendienstlicher Aufgabenstellung hat der Nachrichtendienst quasi seismografische Funktion, wobei die Klasse der potenziellen Objekte von Aufklärung sowohl in Richtung nicht-staatlicher Akteure erweitert wird, als auch mit einer Schwerpunktverschiebung zu Gunsten der Erfassung von Prozessen und der Analyse ihrer Verlaufsformen einhergeht. Nach diesem Verständnis wäre nachrichtendienstliche Tätigkeit eher der Wettervorhersage vergleichbar und ihre Beschreibung könnte einem "prozessualem Ansatz" verpflichtet sein.

3.3 Erstellung von Kosten-Nutzen-Analysen im weitesten Sinn

Dieses Verständnis nachrichtendienstlicher Aufgabenstellung geht wesentlich über die bisherigen etablierten Paradigmata hinaus: Es schließt eine Erweiterung der Aufgabenstellung insofern ein, als es nicht nur um die Aufklärung eines Objektes geht, sondern auch um die Kalkulierung der Wirkung verschiedener Handlungsvarianten des eigenen Bezugs- und Loyalitätssystems auf das Objekt von Aufklärung. Nach diesem Verständnis nachrichtendienstlicher Aufgabenstellung könnte diese als "Politikberatung" charakterisiert werden, wobei aber, um wichtige Unterschiede zur klassischen Politikberatung nicht zu verwischen, fest gehalten werden muss, dass nicht nur die Beratung bzw. eine Kosten-Nutzen-Analyse geleistet wird, sondern, dass das Subjekt von Beratung, d.h. der Nachrichtendienst, auch für die Gewinnung, Selektion und Analyse der Informationen zuständig ist, auf denen Politikberatung beruht.

Damit aber ist dieses Verständnis nachrichtendienstlicher Arbeit mit einem Vorteil, aber auch einem Nachteil befrachtet: Der Vorteil besteht darin, dass das Subjekt von Beratung in weit höherem Maß als der "klassische" Politikberater in der Lage ist, die Zuverlässigkeit der grundlegenden Informationen zu beurteilen, auf denen seine Beratungsleistung basiert; der Nachteil besteht kurz gesagt darin, dass die Möglichkeit von Manipulation erheblich größer ist, wenn Informationsgewinnung und daraus abgeleitete Schlussfolgerungen in einer Hand sind.

Der politikberatende Nachrichtendienst ist, wenn man einmal von der historischen

Erfahrung absieht, keinem Korrektiv unterworfen, sodass, abgesehen von Fragestellungen, bei denen der politische Entscheidungsträger eigene, ausreichend entscheidungsrelevante Erfahrungen einbringen kann, dieser in hohem Maß der nachrichtendienstlichen Politikberatung "ausgeliefert" ist.

Ein solches "unilaterales" Entscheidungssystem kann auch eine "seitenverkehrte" Spielart aufweisen, wobei der Nachrichtendienst Qualität von Information und daraus resultierende Politikberatung quasi von der Politik vorgeschrieben bekommt, die die "Erkenntnisse" der Dienste dann für die Legitimation ansonsten schwer zu vermittelnder Handlungsweisen missbraucht. Beispiele dafür gibt es zahlreiche; sie reichen, um nur wenige zu nennen, von der von den US-Diensten konstatierten "Raketenlücke" über das Projekt "RYAN" (Raketno-Yadernoye Napadenie/Nuklearraketen-Angriff) des KGB Anfang der 80er-Jahre über die "Sozial-Imperialistische Einkreisung" des albanischen "Sigurimi" bis zur Hypostasierung irakischer Massenvernichtungswaffen.

Trotz aller Bedenken, die man, nicht zuletzt aus Gründen demokratischer Legitimität gegenüber einem Politikberatungsverständnis nachrichtendienstlicher Arbeit haben muss, stellt sich auf der anderen Seite das Problem, dass gerade vor dem Hintergrund wachsender Bedrohungen die politischen Entscheidungsträger immer weniger in der Lage sind, die Plausibilität und die Relevanz von Informationen zu beurteilen. In dem Maß aber, in dem das zutrifft, wächst auch die Wahrscheinlichkeit, dass unrelevante Entscheidungen getroffen werden, die an der Wirklichkeit, wie sie tatsächlich ist, vorbeigehen.

Man könnte nun argumentieren, dass auch Politik auf Trial and Error beruhen muss und dass man dem Entscheidungsträger deshalb auch die Freiheit der Fehlentscheidung einräumen muss, aus der dann ein Lernprozess erwachsen kann. Diese Sicht der Dinge, bei der Fortschritt aus Trial and Error erwächst, ist aber angesichts der Entwicklung neuerer sicherheitspolitischer Herausforderungen immer weniger zu verantworten.

Diese neuen Herausforderungen lassen sich mit den Begriffen "Proliferation", "Transnationale Organisierte Kriminalität" und "Terrorismus" skizzieren, wobei ein sich stetig verdichtender Bezugszusammenhang von geradezu apokalyptischer Bedrohung angenommen werden muss.

4. Einige Elemente der Skizzierung des Kernproblems

Ein hochrangiger und erfahrener Mitarbeiter des geheimen Nachrichtendienstes eines westeuropäischen Landes fasste im persönlichen Gespräch das Dilemma heutiger nachrichtendienstlicher Arbeit wörtlich wie folgt zusammen: "Worin besteht die Haupttätigkeit von Nachrichtendiensten wie wir sie bisher kennen? Die Haupttätigkeit besteht in der Erfassung und Auswertung offener Quellen. Je nach speziellem Nachrichtendienst liegt der Anteil der aus offenen Quellen gewonnenen Informationen bei 70-90%. Der kleinere Rest setzt sich zusammen aus dem, was einem die Partnerdienste zukommen lassen und aus Humint und Sigint. Das heißt, dass ein wachsendes Missverhältnis besteht, zwischen dem Wachstum der sich immer deutlicher abzeichnenden "Bedrohungstriade" aus TOK, Proliferation und Terrorismus und dem zur Aufklärung der daraus resultierenden spezifischen Bedrohungen zur Verfügung stehenden nachrichtendienstlichen Instrumentarium."

Mit dieser Bemerkung, an der die Apologeten klassischer Intelligence-Bürokratie-Kultur erfahrungsgemäss missbilligend und ausdauernd zu knabbern und zu rupfen verstehen, soll auch gesagt sein, dass ein Missverhältnis besteht zwischen der Dimension "wichtiger" Bedrohung und dem Aufwand, der zu ihrer Aufklärung und Bekämpfung geleistet wird oder auch geleistet werden kann.

Aus dem Internet lässt sich "hard intelligence" zu TOK, Proliferation und Terrorismus in der Regel erst post festum gewinnen. Ähnlich verhält es sich mit der viel gepriesenen internationalen Kooperation zwischen den Diensten. Der Idealfall, dass von allen Seiten Mosaiksteine zusammengetragen werden, aus denen dann ein Gesamtbild konkreter Bedrohung, tragfähig für präventive Aktion entsteht, ist die absolute Ausnahme. In der Regel bleibt, – zumindest mit Blick auf die heute vorrangig relevante Bedrohungstriade, die Informationsquantität und -qualität unter der für erfolgreiche Prävention unverzichtbaren minimalen "kritischen Masse".

Das kann unter bestehenden Rahmenbedingungen auch gar nicht anders sein. Um eine Beurteilung zu ermöglichen, welche der Informations-"Mosaiksteine" zusammengehören und grundsätzlich zum selben Bild gehören, müsste eine übergeordnete Institution geschaffen werden, bei der nicht nur die Teilinformationen zusammenkommen, sondern die auch autorisiert sein müsste, von sich aus Nachfragen oder sogar Steuerungshinweise an die einzelnen Quellen zu richten. Das aber ist bei dem heutigen Selbstverständnis der Dienste per definitionem ausgeschlossen. Die Folge davon ist, dass zwar eine Menge von Mosaiksteinen hin und hergeschoben werden, dass es aber fast unmöglich ist, dabei festzustellen, welches Bedrohungsbild das zu erstellende fertige Puzzle letztendlich abbilden soll. Anders als beim Puzzle, das im Spielzeugladen erhältlich ist, weiß der "Spieler", der eine Einzelmanifestation der Bedrohungstriade erfassen möchte nicht im Vorhinein, auf welches Bild die ihm zugespielten Mosaiksteine letztlich "hinauslaufen" oder auch, ob sie überhaupt zum selben Bild gehören. So konnte zum Beispiel bis heute noch keine ausreichende Klarheit darüber gewonnen werden, ob aus Meldungsaustausch gewonnene Informationen über Lieferungen spezieller Aluminiumröhren an den Irak etwas mit der beabsichtigten Produktion von (relativ primitiven) Raketen zu tun hatten oder mit dem Versuch der Entwicklung eines hochkomplexen Nuklearprogramms.

Fazit: In einer Welt, deren Sicherheit zunehmend davon bestimmt ist, ob und inwieweit es möglich ist, die Evolution der Bedrohungstriade unter Kontrolle zu halten, ist es verantwortungslos, so zu tun, als ob im möglichst umfassenden Informationsaustausch der Weisheit letzter Schluss liegen würde, wenn nicht gleichzeitig eine übergeordnete Instanz geschaffen wird, die mittels eigenem Quellenzugang in die Lage versetzt wird zu beurteilen, welcher Mosaikstein zu welchem Bild gehört.

5. Einzelkomponenten der Bedrohungstriade und spezifische Schwierigkeiten ihrer Aufklärung

5.1 Proliferation

Wenn im Folgenden von "Proliferation" die Rede ist, dann soll in erster Linie auf die Weiterverbreitung von Massenvernichtungsmitteln (ABC-Waffen) bzw. deren Komponenten abgehoben werden.

Hinsichtlich der Subjekte von Proliferation sind grundsätzlich die folgenden Interaktionstypen zu erwägen: Proliferation von Staat zu Staat, Proliferation von Staat zu nichtstaatlichen Entitäten(NSE), von NSE zu Staaten und von NSE zu NSE. Bezüglich der letzten Möglichkeit sind bestätigte Fälle (noch) nicht bekannt, wenn man entsprechende Untersuchungen tatsächlich auf ABC-Waffen eingrenzt.

Ähnliches gilt für Proliferation von NSE zu Staaten, wenn es auch hierbei Grenzfälle geben mag wie z.B. die "Orbital

Transport- und Raketen-Aktiengesellschaft"(OTRAG), die als private Firma Ende der 70er-/Anfang der 80er-Jahre in Zaire, Libyen und Schweden Raketen entwickelte und testete, ihre Aktivitäten dann aber vor allem auf Grund politischen Drucks verschiedener Seiten aufgeben musste (http://www.univ-perp.fr/fuseurop/otrag_e.htm).

Im Fall der "OTRAG" kann zumindest der Verdacht nicht ausgeschlossen werden, dass die Option von Proliferation von einer NSE zu Staaten im Geschäftskalkül "angedacht" war. Die nach Auffassung nachrichtendienstlicher Experten (heute) aber in erster Linie zu berücksichtigenden Möglichkeiten sind Proliferation von Staat zu Staat und Proliferation von Staat zu NSE. Was letzteres betrifft, so wäre u.a. die bekannte Weiterleitung von "Semtex", das der libysche Staat erworben hatte, an die IRA, ein Beispiel.

In beiden Fällen steht die "klassische" nachrichtendienstliche Arbeit grundsätzlich nicht vor Schwierigkeiten, die eine Transformation der Nachrichtendienste selbst erforderlich machen würde. Der Grund dafür ist, dass mindestens einer der im Proliferations-Duopol interagierenden Akteure, nämlich der Staat, wesentliche Merkmale "klassischer" nachrichtendienstlicher Organisationen aufweist und damit eine "strukturelle- und Seelenverwandtschaft" zwischen Nachrichtendienst und aufzuklärendem Staat vorausgesetzt werden kann. Nachrichtendienstliche Aufklärung fällt aber umso leichter, je ähnlicher das Objekt der Aufklärung dem Subjekt von Aufklärung ist. Ein qualifizierter menschlicher Lungenfacharzt wird in der Regel keine unüberwindlichen Schwierigkeiten dabei haben, bei einem anderen Menschen eine Lungenentzündung zu diagnostizieren. Sollte unser Facharzt aber eines Tages mit einem Alien, etwa einem Methanatmer aus einer anderen Galaxie konfrontiert werden, werden seine diagnostischen Fähigkeiten erst einmal überfordert sein.

Alles in allem kann zumindest heute festgestellt werden, dass die nachrichtendienstliche Aufklärung von Proliferationsprozessen, so wie wir sie bis jetzt kennen gelernt haben, keine qualitative Transformation der Nachrichtendienste erforderlich macht, wenn auch ihren systemimmanenten Verbesserungen natürlich keine Grenzen gesetzt werden müssen.

5.2 Transnationale Organisierte Kriminalität (TOK)

Schon etwas anders stellt sich die Problematik von nachrichtendienstlicher Aufklärung im Fall der TOK dar. Damit soll gesagt sein, dass im Zuge der Evolution der TOK[5] immer tendenziell und in einer wachsenden Zahl von Fällen auch faktisch sich die TOK einem Stadium annähert, das durch äußerste Anpassungsfähigkeit an das Triopol der Imperative von Profitmaximierung, Kontrolloptimierung nach Innen und Außen sowie Sicherheitsoptimierung charakterisiert ist. Diese Anpassungsfähigkeit bzw. der Zwang zu einer solchen führt dazu, dass sich die TOK strukturell und in ihren Handlungsabläufen immer mehr von einer hierarchisch-bürokratischen Organisationskultur entfernt. Womit man es dann zu tun hat, sind dezentrale Organisationsformen, die zwar ad hoc zur Durchführung spezieller Operationen auch streng hierarchische Subsysteme entwickeln können, die aber nach Abschluss der Aufgabe sehr schnell wieder in den allgemeinen Pool dezentral organisierter Kapazitäten abschmelzen.

Angesichts der sich daraus ergebenden Fluidität der TOK, jedenfalls in fortgeschritteneren Stadien ihrer Evolution, haben es die klassischen, hierarchisch verfassten nachrichtendienstlichen Bürokratien entsprechend schwer, ein gültiges Bild dieses außerordentlich flüchtigen Aufklärungsobjektes zu gewinnen.

Wir können uns den klassischen Nachrichtendienst als eine Kamera vorstellen, die über eine Linse mit verhältnismäßig langsamer Verschlusszeit verfügt. Diese Linse würde der Beschaffung entsprechen, die Eigenschaften eines Objektes aufzunehmen hat, um diese dann auf die Filmebene, – das wäre in unserem Beispiel die Auswertung –, zur endgültigen Abbildung weiterzuleiten. Die Qualität der Abbildung wiederum wird nicht nur durch das "Objekt an sich" bzw. durch die von ihm ausgeschickten Lichtstrahlen determiniert, sondern auch durch die vorgängige Wahl von Blende und Belichtungszeit. Diese Wahl wäre im Prozess der Gewinnung von Intelligence der jeweils herrschende Mix von Prioritätensetzung und vorgängigen Annahmen, wie er sich u.a. in so genannten Steuerungshinweisen niederschlägt.

Der Prozess der Gewinnung von Intelligence wird also von einem vorgängigen Paradigma mitbestimmt, das in unserem Bild von der Kamera der Einschätzung des Fotografen von der Helligkeit und der Bewegung des abzubildenden Objektes entsprechen würde. Wird die Bewegung des Objektes als zu langsam eingeschätzt, ergibt sich auf Grund der dann gewählten zu langen Verschlusszeit ein unscharfes Bild. Eine Fehleinschätzung der angemessenen Blende führt zu Über- oder Unterbelichtung. In beiden Fällen wird das Objekt nicht realitätsgerecht abgebildet weil das dominierende Paradigma zu Fehleinstellungen geführt hat.

Solche Fehleinstellungen sind auch bei der Gewinnung nachrichtendienstlicher "Abbildungen" in dem Maß möglich und wahrscheinlich, in dem das aufklärungssteuernde Paradigma korrekturresistent bleibt. Da aber Korrekturen, wenn sie überhaupt stattfinden, immer innerhalb eines gewissen Zeitrahmens erfolgen müssen, sind sie umso schwieriger, je schneller sich das Objekt der Aufklärung selbst verändert. Anders formuliert: Die erfolgreiche Erfassung der Realität hängt von der Schnelligkeit ab, mit der Paradigmenwechsel vollzogen werden können. Genau hier aber liegt das Problem der nachrichtendienstlichen Erfassung von sich verändernden Aufklärungsobjekten wie der TOK in fortgeschrittenen Stadien ihrer Evolution. Bürokratische Hierarchien wie die klassischen Nachrichtendienste sind aus Gründen, von denen noch die Rede sein wird, oft nicht schnell genug zum Paradigmenwechsel in der Lage. Ergebnis: "Über- oder unterbelichtete" oder/und auch "verwackelte" Bilder des angepeilten Objektes.

6. Terrorismus

Noch schwieriger als im Fall der TOK gestaltet sich die nachrichtendienstliche Aufklärung mit Blick auf den Terrorismus und hier vor allem auf die neuen Formen des Terrorismus.[6] Der Grund dafür ist, dass man wie zuvor erwähnt bei der TOK wenigstens noch einen relativ gesicherten Ansatz in Form der Hypostasierung eines Triopols von rational nachvollziehbaren Handlungsimperativen hat. Eine ähnlich tragfähige Hypothese fehlt bisher beim neuen Terrorismus.

Der Intelligence-Experte Paul R. Pillar fasst die Schwierigkeiten wie folgt zusammen, die sich beim Versuch nachrichtendienstlicher Erfassung des Terrorismus stellen: "The basic problem that terrorism poses for intelligence is as simple as it is chilling. A group of conspirators conceives a plot. Only the few conspirators know of their intentions, although they may get help from others. They mention nothing about their plot to anyone they cannot absolutely trust. They communicate nothing about their plans in a form that can be intercepted. They are careful not to expose to others any materials that would betray their intentions. They do not purchase, procure, or build anything that, on the face of it, is suspicious. They live and move normally and unconspicously, and any preparations that cannot be done behind closed doors they do as part of those movements. The problem: How do we learn of the plot? The challenge does not stop there. As with many perpetrators of past terrorist attacks, the conspirators whose plans we need to discover may not have had any prior involvement in terrorism or be members of a previously known terrorist group. The target for intelligence is not just proven terrorists; it is anyone who might commit terrorism in the future. Terrorism is a fundamentally different and more difficult subject than the great majority of other topics the intelligence community is asked to cover. The bull's-eye of this intelligence target – an individual terrorist plot – lacks the size and signatures of most other targets, from nuclear weapons programs to political instability. The need to uncover the activities not only of specified groups or states but also of potenzial terrorists makes intelligence questions about terrorism, not just the answers, more indeterminate than with most other topics. Some of the most important limits to collecting information about terrorism are inherent to the subject and the way terrorists operate. Those limits are permanent and ineradicable."[7]

Pillar hat sicherlich in hohem Maß Recht mit seiner pessimistischen Einschätzung, weil sich mit Blick auf das Problem des Terrorismus Aufklärungssubjekt und Aufklärungsobjekt in besonders hohem Maß unterscheiden.

Damit soll nicht gesagt sein, dass man Terrorist sein muss, um Terrorismus erfolgreich aufklären zu können, aber es müssten wenigstens die Rahmenbedingungen von Aufklärung so verändert werden, dass gewisse Frühwarnzeichen nicht mehr durch das Raster klassischer nachrichtendienstlicher Aufklärung fallen können und vor allem, dass dem schnellen Wandel terroristischer Strukturen, Methoden und auch Zielbestimmung durch eine adäquate Flexibilität oder Lernfähigkeit des Aufklärungssubjektes Rechnung getragen werden kann.

Um die ganze Bandbreite des hiermit angesprochenen Themenkomplexes illustrieren zu können, erscheint es sinnvoll, einige grundsätzlichen Gedankengänge zu dem Thema "Lernfähigkeit vor dem Hintergrund der Auseinandersetzung mit unkonventionellen Aufklärungsobjekten" zu skizzieren zu versuchen.

7. Exkurs: Möglichkeiten und Grenzen von zeitadäquatem Paradigmenwechsel im Prozess nachrichtendienstlicher Aufklärung

Im Folgenden ist von "Paradigma" und "Paradigmenwechsel" die Rede, Begriffe, die in der unterlegten Bedeutung von Thomas S. Kuhn in seinem 1962 erschienen Buch "The Structure of Scientific Revolutions"[8] popularisiert wurden. Obwohl von Haus aus in erster Linie ein Historiker der Naturwissenschaften, der aber sehr eindrucksvoll die Grenzen zu Fragestellungen überschreitet, die umfassend wissenschaftstheoretischen Charakter aufweisen, lässt sich die von Kuhn vorgeschlagene Terminologie m.E. sehr hilfreich auch für die Formulierung der in der vorliegenden Studie angesprochenen Fragestellungen verwenden.

Auch die nachrichtendienstliche Aufklärung wie jede Art von Forschung beginnt nie voraussetzungslos, sondern entwickelt sich immer auf der Grundlage eines "Paradigma", in der Definition von Kuhn "(...) allgemein anerkannte wissenschaftliche Leistungen, die für eine gewisse Zeit einer Gemeinschaft von Fachleuten maßgebende Probleme und Lösungen liefern".[9] Man könnte diese Definition vielleicht auch etwas vereinfachen und als Paradigma eines Hypothesenverbundes verstehen, der

Antworten und Fragen liefert, die von einer wissenschaftlichen Gemeinschaft als relevant und sinnvoll aufgefasst werden.

Ohne in unserem Zusammenhang auf die faszinierende wissenschaftstheoretische Problematik eingehen zu können, die hier einen leistungsfähigen Resonanzboden für weitreichendste Standortbestimmungen wissenschaftlichen Handelns liefert, soll doch auf die Affinität des Kuhnschen Begriffes des Paradigmas zu dem Theoriebegriff hingewiesen werden, wie ihn Karl Popper in seinem 1935 erschienenen Hauptwerk "Logik der Forschung" entwickelt hat.

Sowohl Poppers "Theorie" als auch Kuhns "Paradigma" besitzen nur eine zeitlich begrenzte Gültigkeit, werden irgendwann einmal ausgetauscht.

Und in beiden Fällen, – bei Popper versteckter als bei Kuhn –, spielt die "Gemeinschaft der Fachleute" eine ganz entscheidende Rolle bei diesem Austausch von Theorien bzw. Paradigmen. Bei Popper sind es die "Basissätze", die angeben, wann eine Theorie an der "Wirklichkeit" gescheitert ist (bzw. die von einer Theorie verboten werden), bei Kuhn findet eine "Revolution" statt, also das Gegenteil eines stetigen und zwingenden Erkenntniswachstums, das dann den Austausch eines bestimmten Paradigmas erzwingt.

Folgt man wirklich immanent der Logik des Popperschen Ansatzes, dann kommt man zu dem Ergebnis, das Popper selbst aber nicht ausformuliert hat[10] und das darauf hinausläuft, dass die Setzung der "Basissätze" – diejenigen Sätze, die von einer Theorie ausgeschlossen werden bzw. an denen eine Theorie scheitern kann –, selbst eine Funktion der wissenschaftlichen Gemeinschaft ist und nicht "irgendwie" von "der Realität" quasi "erzwungen" wird.

Denn: Wie Popper richtig betont, können Sätze nur wiederum mit Sätzen, nicht aber mit der "Wirklichkeit" in Widerspruch geraten.

Sowohl Popper als auch Kuhn vermeiden es, die allerletzte Konsequenz ihres eigenen Ansatzes zu ziehen und eine Konsenstheorie der Wahrheit zu beschreiben, sondern verbleiben gedanklich in einer Grauzone, in der "Realität zwar nur als vom Erkenntnissubjekt, das insbesondere als kollektives zu denken ist, vermittelt vorgestellt werden kann, in der aber trotzdem grundsätzlich an der Idee einer unabhängigen Realität fest gehalten wird. So gesehen könnte man in der Kantschen Unterscheidung von Phänomenon und Noumenon den geistesgeschichtlichen Ausgangspunkt der skizzierten Ansätze sehen.

Ausgehend von der Spannung zwischen der Vorstellung eines weitgehend Realität vermittelnden Erkenntnissubjektes und der einer trotzdem zu setzenden unabhängigen Realität, ausgehend von dem Postulat, dass ein "angemessener" Erkenntnisprozess davon lebt, dass diese Spannung nicht aufgehoben wird, sondern durchwegs mitreflektiert wird, könnte man den optimalen Erkenntnisprozess als "offen" in dem Sinn bezeichnen, dass das Subjekt von Erkenntnis niemals in den Fehler verfällt, sich von der Realität abzuschotten, indem es mirror-imaging betreibend sich indirekt aber implizit selbst zum Ganzen des zu Erkennenden befördert. Mit anderen Worten: "Angemessene" Erkenntnis ist niemals "geschlossene" Erkenntnis der Art, dass im Endstadium kommunizierbarer Abstraktion verschwindet, wovon diese ursprünglich genommen wurde.

Wenn man sich diesem Ansatz oder vielleicht besser "Denkstil" verpflichtet fühlt, dann ergeben sich auf einer niedrigeren Abstraktionsebene hinsichtlich nachrichtendienstlicher Aufklärung u.a. die folgenden Überlegungen:

– Wenn es richtig ist, dass Theorien in erster Linie nicht angenommen oder

verworfen werden, weil sie der Realität mehr oder weniger entsprechen, sondern weil sie im weitesten Sinn sozialen Bedürfnissen der sich zum Erkenntnissubjekt konstituierenden Gemeinschaft mehr oder weniger genügen, dann ist das Produkt des Erkenntnisprozesses in dem Maß realitätsadäquater, in dem eben das Bewusstsein dieses Sachverhaltes der Sozialgebundenheit auf allen Stufen des Erkenntnisprozesses einen Resonanzboden von Selbstkritik bildet.
Was immer auch "angemessene Erkenntnis" bedeuten mag, ihre mehr oder minder große Erreichbarkeit hängt vom Wissen um Präferenzen und Vorurteile ab bzw. deren Kontrollierbarkeit zum Zweck der Erhaltung eines möglichst offenen Erkenntnisprozesses. Dessen, auch soziales, Medium wiederum ist etwas was man "Lernfähigkeit" nennen könnte.

- In der Konsequenz geht es also darum, im vorangegangenen Sinn möglichst "lernfähige" Organisationen zu schaffen und wenn man dem zustimmen kann, dann stellt sich als nächste Frage die, ob hierarchisch-bürokratische Institutionen, worum es sich bei Nachrichtendiensten in der Regel handelt, im ausreichenden Maß in der Lage sind, ihre Lernfähigkeit selbst, d.h. ohne irgendeinen Input von Außen, hinreichend zu steigern.
- Dies ist keine Thematik abstrakter bürokratietheoretischer oder auch systemtheoretischer Überlegungen, sondern betrifft vor dem Hintergrund der zuvor skizzierten Bedrohungstriade eine Dringlichkeit, die kaum zu übertreffen ist.

8. Zur Lernfähigkeit hierarchischer Systeme

Zur Einstimmung auf die nachfolgenden Überlegungen sollen einige Bemerkungen des früheren Mossad-Chefs Efraim Halevy dienen: "Intelligence is not a science, certainly not a natural science. It is an art or a craft, and as such it cannot be governed by the basic tenets of logic. Intelligence officers must be gifted with imagination and creativity to peer behind the curtain of apparent reality."[11] Hinter dieser Aussage steckt eine Überzeugung, – in diesem konkreten Fall sicherlich durch Erfahrung erhärtet –, die die klassischen Nachrichtendienste vor dem Hintergrund eines großen Fragezeichens erscheinen lässt. Es sind gerade die Fähigkeiten, so wird ja behauptet, die in hierarchisch strukturierten Bürokratien eher als kontraproduktiv oder gar destruktiv empfunden werden, von denen die Chance abhängt, einen Blick auf eine ansonsten verschleierte Realität zu werfen.

Unter bürokratietheoretischen Aspekten zieht Halevy mit seinem Statement die Konsequenzen aus Ansätzen, die vor allem von Robert K. Merton und einer sich um ihn strukturierten Gruppe von Sozialwissenschaftlern formuliert worden waren[12] und die "overconformity" und "goal displacement", d.h. ein für Bürokratien typischer Trend, die Befolgung von Verfahrensregeln an die Stelle der ursprünglichen Zielsetzung zu setzen, also Mittel zu Zwecken zu machen, als eine für Bürokratien typische Eigenschaft beschreiben.

Wenn diese Diagnose von Merton zutrifft, dann würde das mit Blick auf bürokratisch verfasste Nachrichtendienste bedeuten, dass die Befolgung der Regeln, die Beschaffung und Auswertung bestimmen, an die Stelle der ursprünglichen Zielsetzung rücken, dass die Binnenkommunikation der Organisation die Tendenz hat, Objekterfassung auszublenden.

Auch unter anderem Aspekt sollte die Hypothese, dass Bürokratie und Intelligence schwer miteinander in Einklang zu bringen sind, ernst genommen werden. Die Begründung für eine solche Vermutung kann aus einem Grundzug des Wesens von Intelligence abgeleitet werden, der wie folgt zusammengefasst werden kann: Intelligence "(...) is an accumulation of indicators, contradictory and unreliable, which intelligence analysts turn into an estimation of a hidden reality or, even more precariously, use to predict the future. Intelligence is inherently faulty".[13]

Die nun zu stellende Frage lautet: In welchem Maß und in welchem Sinn erlaubt Bürokratie bewusst die Sammlung widersprüchlicher und unzuverlässiger Indikatoren, die aber andererseits der unverzichtbare Rohstoff sind, aus dem ein Bild der Wirklichkeit oder gar der Zukunft entwickelt werden kann? Die Antwort lautet nach übereinstimmender Aussage erfahrener Praktiker: "Nur in einem extrem geringen Mass."

Der Grund dafür besteht m.E. darin, dass Bürokratien, die ja immer auch Hierarchien sind, Widersprüche meistens nicht solange aushalten können, bis diese durch zweifelfreie Faktenfindung eliminiert oder aber durch Synthese aufgehoben werden können. Das hat vor allem auch damit zu tun, dass das, was man "Karriere" nennt, nicht zuletzt von der Realitätssicht übergeordneter Ebenen abhängt, der sich anschließen muss, wer nicht aus dem Karrierezug herausfallen oder von ihm abgehängt werden will. Damit aber ist Anpassung oder "overconformity" bei Merton, ein konstitutives Element auch nachrichtendienstlicher Bürokratien und diese Anpassung verträgt genauso wenig Ambiguität in der Sache wie Illoyalität im Verhältnis zwischen Untergebenem und Vorgesetztem.

Es gibt in der Geschichte der Nachrichtendienste zahlreiche Fälle, aus denen deutlich wird, dass derjenige, der sich nicht dem "mainstream" einordnet, ein quasi unterirdisches Dissidentenleben führt, das außer "innerer Kündigung" wenige Auswege eröffnet.

Besonders deutlich wird nach Hinweisen von Insidern dieser Grundsachverhalt im Verhältnis von Beschaffung und Auswertung. In der Regel sind beide Bereiche getrennt, womit vor allem die Hoffnung verbunden wird, dass sich durch die institutionelle Trennung nicht nur eine objektivere Bewertung von einzelnen Informationen herausbildet, sondern auch, dass das aus den mittels Beschaffung gewonnenen "Mosaiksteinen" schließlich zusammengesetzte Gesamtbild der Realität, weil dem notwendig eingeengten Blickwinkel von Beschaffung entzogen angemessener weil auch umfassender,sein kann.

Die Wirklichkeit sieht aber nach glaubhafter Darstellung von Praktikern etwas anders aus. Als erstes gilt es, sich klar zu machen, dass Nachrichtendienste ihre Themen von der so genannten "Aktualität" vorgegeben bekommen. Diese aber ist nicht einfach etwas unmittelbar Einzusehendes, sondern mit "Aktualität" ist das Produkt einer hochkomplexen Interaktion zwischen politischen Paradigmata, nachrichtendienstlichen Paradigmata und – in hohem Maß medial vermitteltem – öffentlichem Interesse, zu verstehen. Dabei ist es nicht immer leicht festzustellen, welche der drei Determinanten von "Aktualität" eher als Konstante und welche als Variable anzusehen ist. Im Regelfall aber ist es eher so, dass sich die nachrichtendienstlichen Paradigmata nicht gegen politisches und öffentliches Interesse herausbilden, sondern sich eher diesem anpassen.

Das heißt, dass die nachrichtendienstlichen Themenbereiche und Aufgaben im Großen und Ganzen von der Politik vorgegeben werden (wie diese wiederum vom öffentlichen Interesse bestimmt wird, ist nicht unser Thema und mag deshalb in diesem Zusammenhang ausgeklammert werden), deren Paradigmata indirekt auch die Richtung von Beschaffung und Auswertung in hohem Maß bestimmen. Das heißt, dass immer die große Gefahr besteht, dass politische Vorgaben und Erwartungen das Resultat des nachrichtendienstlichen Prozesses verfälschen können.

Dafür gibt es im historischen Rückblick viele Beispiele: Als der von Gehlen geleitete Nachrichtendienst "Fremde Heere Ost" annähernd korrekte Schätzungen u.a. der sowjetischen Panzerproduktion vorlegte, passten diese Erkenntnisse nicht in das politische Wunschdenken des nationalsozialistischen Regimes und Gehlen wurde kalt gestellt. Von da an richteten sich die "Erkenntnisse" der deutschen Aufklärung nur noch nach den Fehleinschätzungen der Führung.

Anfang der 60er-Jahre legte der CIA-Analytiker Lee Kalkulationen vor, die den Anteil der sowjetischen Rüstungsausgaben gemessen am Bruttosozialprodukt um ein Vielfaches höher ansetzten, als es dem damaligen, in Tauwetterfantasien verfangenen offiziellen politischen Denken in den Kram passte. Lee wurde quasi zum "Spinner" erklärt und in den Ruhestand gemobbt. Viele Jahre später wurde deutlich, dass er Recht gehabt hatte. Wären seine Erkenntnisse rechtzeitig in die politischen Paradigmata des Westens eingegangen, wäre die überraschende Expansion des sowjetischen Imperialismus seit der zweiten Hälfte der 70er-Jahre in der Dritten Welt mit erheblich weniger Opfern zu blockieren gewesen, als es dann tatsächlich der Fall gewesen ist.

Ein besonders abstruses Ergebnis der Bevormundung von Nachrichtendiensten durch die Politik findet sich im Albanien Enver Hoxhas. Dort herrschte seit dem Bruch mit der Sowjetunion Anfang der 60er-Jahre das Dogma von der "Imperialistisch-Sozialimperialistischen Einkreisung" und der albanische Nachrichtendienst, der "Sigurimi", sah seine Hauptaufgabe bei der Auslandsaufklärung vor allem darin, Bestätigungen für Angriffsvorbereitungen des Westens wie des Warschauer Paktes zu sammeln. Diese "Erkenntnisse" gingen an die politische Führung (die sie indirekt ja "bestellt" hatte) zurück und erhielten von dieser die Weihen "objektiver" Weltsicht. Die noch heute ganz Albanien zierenden Hunderttausende von Bunkern sind nicht zuletzt das sichtbare Resultat eines politischen Verfolgungswahnes, dessen Rituale auch der Nachrichtendienst auf seine Weise zu vollziehen hatte.

Im Südafrika vor allem der 70er- und teilweise noch der 80er-Jahre waren die Nachrichtendienste, hier vor allem das "Department of Military Intelligence"(DMI), und der Nachfolger des früheren "Bureau of State Security"(BOSS), der "National Intelligence Service"(NIS), durch eine Reihe von politischen Vorgaben belastet, die vor allem beim NIS dazu führten, dass man überall anti-südafrikanische Verschwörungen einzelner 'opinion-leaders' in Ost und West antizipierte, denen man auch durch konkrete "aktive Maßnahmen" begegnen zu können glaubte, wo in Wirklichkeit ein sich aus einem komplexen Faktorenbündel speisender 'anti-Apartheidt-groundswell' vor allem in den westlichen Gesellschaften herausgebildet hatte, dem mit nachrichtendienstlichen Mitteln nicht zu begegnen gewesen wäre.

Als dann noch mit dem Zusammenbruch des Sowjetblocks nicht nur eine der Legitimationssäulen für das Bemühen um Aufrechterhaltung der Apartheid zusammen gebrochen war – auf Grund politischer Vorgaben war noch sehr lange von den Nachrichtendiensten vor der "kommunistischen Expansion" gewarnt worden – zeigte sich, dass die südafrikanischen Dienste unter politischer Bevormundung lange Zeit in vielfacher Hinsicht falsch aufgestellt gewesen waren.

Auch andere "intelligence blunders" wie Nichterkennen des bevorstehenden Zusammenbruches des Ostblocks, der tatsächlichen Dynamik nuklearer Proliferation, der Instabilität der DDR oder der nicht wirklich gegebenen Bedrohung durch irakische Massenvernichtungswaffen bei vorgängiger Ignorierung des terroristischen Potenzials nichtstaatlicher Organisationen, diese und viele andere nachrichtendienstlichen Fehlleistungen haben mit der "Richtlinienkompetenz" der Politik gegenüber den Nachrichtendiensten zu tun.

Und diese "Richtlinienkompetenz" oder das Setzen direkt oder indirekt verbindlicher Paradigmata wirken sich deshalb besonders destruktiv auf die Fähigkeiten der Nachrichtendienste zur objektiven Abbildung der Realität aus, weil diese durch den von Robert K. Merton thematisierten Fluch der Bürokratie, nämlich "overconformity" und "goal-displacement", geprägt sind.

Zugegeben, nicht ohne Recht verweisen wohlmeinende Insider der Nachrichtendienste darauf, dass das Bild so negativ ausfällt, weil ja über Erfolge aus nahe liegenden Gründen überhaupt nicht oder nur mit großer zeitlicher Verzögerung berichtet werden kann. Das soll nicht bestritten werden, aber auch die Apologeten pflegen in der Regel doch zuzugeben, dass es politische Determinanten gibt, die zu oft zu großen Reibungsverlusten und zu Einbußen beim Wirkungsgrad führen, zu oft grotesken Missverhältnissen bei der Allokation von Ressourcen und auch glatter Ignorierung von Bedrohung.

Aber es sind nicht die "großen" Fehlleistungen der Nachrichtendienste, die vor allem die dringende Frage nach Verbesserungsmöglichkeiten stellen, sondern der tägliche, wie der führende Mitarbeiter eines westlichen Dienstes es formuliert hat, "ganz normale Wahnsinn im Mikrobereich des Verhältnisses von Einzelmeldung und Einzelauswertung".

Um zu verstehen, was damit gemeint ist, muss Folgendes berücksichtigt werden: Meldungen werden in der Regel bezahlt, wobei eine Art "Benotungssystem" zugrunde gelegt wird. Wenn es auch von Dienst zu Dienst gewisse Unterschiede im Detail geben mag, so unterscheidet die Bewertung in der Regel zwischen Meldungen, die auf Grund ihrer Qualität in die politische Berichterstattung eingehen, solchen, die zwar wertvoll sind, die aber durch zusätzliche Information angereichert werden sollten, solchen, die in dem Sinn interessant sind, als sie das Hintergrundwissen des Auswerters anreichern, der Bewertung einer Meldung als bereits "bekannt", was meistens auf ihre Herkunft aus den Medien (sehr oft auch aus dem Internet) verweist und schließlich der Kategorie "unglaubhaft" oder/und "substanzlos". Dieses System hat Vor- und Nachteile, die es v.a. vor dem Hintergrund des zuvor so genannten neuen "Triopols" von Bedrohung abzuwägen gilt.

Das Interesse der Quelle, im Fachjargon "NDV" (nachrichtendienstliche Verbindung) und auch der die Quelle "führenden" Person oder "VF" (Verbindungsführer) liegt darin, möglichst viele und hochbewertete Meldungen an die Auswertung zu übermitteln. Dabei besteht das Interesse der NDV in der Regel vor allem in der finanziellen Vergütung, der VF dagegen wird durch ein umfangreiches und qualitativ gut bewertetes Meldungsaufkommen in seiner Karriere gefördert. Diese Form eines "Leistungsprinzips" hat Vor- und Nachteile, wobei m.E. aber die Nachteile überwiegen. Der Vorteil mag u.a. darin bestehen, dass zu mindest grundsätzlich die Chance besteht, die bei NDV und NV psychologisch zu beschreibende Neigung zur Überbewertung des spezifischen Meldungsaufkommens auszugleichen. NDV und NV neigen dazu, die Meldungen, die an die Auswertung gehen als exklusiv und einmalig zu überschätzen, was mit dem skizzierten Eigeninteresse zu tun hat. Das heißt nicht, dass Meldungen nicht tatsächlich exklusiv und einmalig sein können, in den meisten Fällen aber verfügt die Auswertung über eine breite Palette von Meldungen, vor deren Hintergrund sich der Exklusivitäts- und Einmaligkeitsanspruch mehr oder weniger zu relativieren pflegt. Damit aber trägt die Trennung von Beschaffung und Auswertung bzw. die Unbeeinflussbarkeit der letzteren in der Regel zur Herstellung eines Gesamtbildes bei, das objektiver ist, als es ohne Trennung von Beschaffung und Auswertung gemeinhin der Fall wäre.

Mit Blick auf diejenige Art der Bedrohung, die heute die erstrangige Herausforderung für die Nachrichtendienste darstellt, nämlich ein möglicher Einsatz von Massenvernichtungsmitteln vor dem Hintergrund eines "symbiotischen" Terrorismus, wird sehr schnell deutlich, dass das konventionelle System der Trennung von Beschaffung und Auswertung nicht mehr ausreichend zuverlässig greift. Dafür gibt es mehrere Gründe:

1. Anders als auf den Gebieten der politischen, wirtschaftlichen etc. Aufklärung ist die Quellenlage hinsichtlich terroristischer Organisationen so extrem dürftig, dass eine Abwägung des Wertes einer Einzelmeldung vor dem Hintergrund einer breiten Palette von Rahmenmeldungen auf Grund des Fehlens einer solchen Palette schlicht nicht möglich ist. Dazu eine Anmerkung: Wenn ich eine extrem dürftige Quellenlage behaupte, dann beziehe ich mich auf so genannte "Innenquellen", die auf der Entscheidungsebene terroristischer Organisationen angesiedelt sind und deren Erschließung durch konventionelles nachrichtendienstliches Vorgehen so gut wie ausgeschlossen ist. Dass es daneben einen ganzen "Zoo" von Gerüchten, wenig zielführenden Lesefrüchten und Mutmaßungen gibt, aus denen vor allem die medial vermarkteten "Terrorismusexperten" ihre angesichts der tatsächlichen Bedrohung belanglosen bis irreführenden "Erkenntnisse" abzudestillieren pflegen, ist eine andere Sache.

2. Die Abgleichung neuer mit bereits vorhandenen Meldungen ist vielfach mit einem zeitlichen Aufwand verbunden, den man sich angesichts der potenziellen Gefahren eigentlich nicht leisten kann. Wenn heute die Meldung eingehen würde, dass innerhalb der nächsten 12 Stunden in einem Stadtzentrum ein taktischer nuklearer Sprengkopf zur Explosion gebracht werden soll, dann hätte man kaum die Zeit und könnte auch nicht die Verantwortung dafür tragen, diese Meldung im üblichen Bewertungsschema zwischen "wertvoll" und "unglaubwürdig" einzuordnen. Die Qualität der möglichen Bedrohung würde das Bewertungssystem irrelevant machen.

3. Die von der Auswertung verliehenen Bewertungen führen dazu, dass in der Beschaffung ein Trend besteht, sich "marktmäßig" auf die durch das Belohnungssystem vermittelte Bewertung einzustellen. Wer wiederholt erlebt, dass seine Meldungen zum Land A überwiegend als "wertvoll" eingestuft werden, die zu Land B aber als "unglaubwürdig", wird seine Berichterstattung über B zu Gunsten der von A zurückfahren.

Dass man sich eine solche Situation angesichts einer terroristischen Bedrohung mit Massenvernichtungsmitteln nicht leisten kann, liegt auf der Hand. Mit sehr großer Wahrscheinlichkeit würde auf Grund der dürftigen Quellenlage auf diesem Gebiet die deshalb höchst unwahrscheinliche Meldung einer echten Innenquelle bestenfalls einer zu lange dauernden Überprüfung unterzogen, was in der Konsequenz der bürokratischen Absicherungsmentalität liegt. Schlechtestenfalls, aber auch mit großer Wahrscheinlichkei,t würde man eine solche Meldung als ebenso unglaubwürdig ansehen wie die über eine UFO-Landung. Diese Überlegungen führen zu der Vermutung, dass die Trennung von Beschaffung und Auswertung innerhalb eines Nachrichtendienstes zwar im Rahmen konventioneller Aufgabenstellung ihre Berechtigung haben mag, dass ihre Beibehaltung mit Blick auf das unkonventionelle "Triopol" von Bedrohung aber kaum zu verantworten ist.

Die Frage stellt sich nun, ob es andere Modelle gibt und welche Vor- und Nachteile diese haben könnten. Dazu ist erst einmal zu sagen, dass es fast ebenso viele Systemvarianten gibt wie Nachrichtendienste, dass sich diese aber im Wesentlichen unter zwei Idealtypen subsumieren lassen: Der eine dieser Typen wird z.B. vom Modell des Britischen "Secret Intelligence Service" ("MI 6") repräsentiert, der selbst über gar keine Auswertung verfügt, sondern wo die Auswertung beim Endverbraucher, d.h. in der Regel bei den zuständigen Ministerien liegt.

Der Vorteil dieses Ansatzes besteht darin, dass die Bedürfnisse des Endverbrauchers direkter über wirklich "authentische Steuerungshinweise" in den Beschaffungsprozess eingehen können als das der Fall ist, wenn eine Auswertung quasi zwischengeschaltet ist und in vielen Fällen entsprechend vermeintlichen Bedürfnissen des Endabnehmers gesteuert wird.

Von Nachteil dagegen könnte sein, dass die Wünsche des Endabnehmers relativ ungebremst und ungefiltert auf die Beschaffung durchschlagen und wenig Möglichkeiten für den Nachrichtendienst bestehen etwa auf Prioritätensetzung einzuwirken. Damit hängt in diesem Modell die Qualität des nachrichtendienstlichen Produktes in hohem Maß von der perzeptionellen Reife, der Erfahrung und der Professionalität des Endabnehmers ab. In Großbritannien ist das auf Grund der unvergleichlichen, über die Jahrhunderte angesammelten ungebrochenen globalen historischen Erfahrung weithin gegeben, was sich auch – so weit man das von Außen einschätzen kann – auch in der hohen Qualität von Intelligence niederschlägt. In anderen Ländern, wo ein vergleichbarer historischer Resonanzboden fehlt, sollte man besser nicht daran gehen das Filter- und Steuerungselement der Auswertung auszubauen.

Die vorliegenden Überlegungen wurden aber vor allem mit Blick auf die durch das sich abzeichnende zuvor skizzierte Triopol von Bedrohung formuliert und vor diesem Hintergrund ergeben sich ganz spezielle Zwänge für die Gestaltung des nachrichtendienstlichen Prozesses, denen das so genannte "desk model" Rechnung zu tragen sucht. In diesem Modell sind im Prinzip Beschaffung und Auswertung in einer Arbeitseinheit vereint, wie das, um ein Beispiel zu nennen, im deutschen Bundesnachrichtendienst in der mit OK und Terrorismus befassten Abteilung der Fall ist.

Der Vorteil dieser Variante besteht grundsätzlich darin, dass zum einen der manchmal bei Trennung von Beschaffung und Auswertung die Bestandsaufnahme verzerrende "Kuhhandel" entfällt und dadurch bei der Erstellung des Endproduktes nicht zuletzt ein Zeitgewinn auftreten kann. Ein ganz wesentlicher Vorteil besteht außerdem darin, dass beim "desk model" der in den genannten besonders sensiblen Bereichen erforderliche extreme Quellenschutz besser zu Gewähr leisten ist, als das bei einer Trennung von Beschaffung und Auswertung garantiert werden kann.

Als Nachteil soll vor allem angeführt werden, dass in dem Maß, in dem Beschaffung und Auswertung integriert sind, eventuell höchst nützlicher Input aus dem weiteren Gesamtzusammenhang des nachrichtendienstlichen Aufkommens nur unter verhältnismäßig großen Reibungsverlusten eingebracht werden kann.

Zum Ausgangsthema dieses Abschnittes, nämlich die "Lernfähigkeit" bürokratischer Systeme, zurückkommend, muss allerdings zugegeben werden, dass keines der bisher vorliegenden Modelle wirklich in der Lage ist, der qualitativ neuen Bedrohung, in einer Weise Rechnung zu tragen, die dem größtmöglichen Verantwortungsbewusstsein, dass hier gefordert ist, Rechnung trägt. Konventionelle Nachrichtendienste, egal welcher Denkschule und Struktur, erfüllen ihren Zweck angesichts der bisher vorliegenden Bedrohungen mal besser, mal schlechter, sind aber auf jeden Fall grundsätzlich in einem letztlich zufrieden stellenden Maß verbesserungsfähig, solange die Aufgabenstellung eine im Wesentlichen konventionelle bleibt.

Mit Blick auf denjenigen Teilbereich der Aufgabenstellung aber, der durch das sich Herausbilden des neuen Triopols von Bedrohung determiniert ist, mit Blick auf jene qualitativ neue Herausforderung, sind m.E. auch qualitativ völlig neue Ansätze in dem Bereich nachrichtendienstlicher Arbeit erforderlich, der sich mit diesen neuen Herausforderungen auseinandersetzen soll.

Die zur Verfügung stehenden bürokratischen Strukturen haben auf jeden Fall im Bereich konventioneller Bedrohungen ihre Daseinsberechtigung, lassen aber mit Blick auf das Triopol von Bedrohung mehr Wünsche offen, als zu verantworten ist. Diese Behauptung soll in den nachfolgenden Thesen und Postulaten zugespitzt werden.

9. Einige Thesen und Postulate zu den neuen nachrichtendienstlichen Herausforderungen

Wenn im Folgenden versucht wird, einige Thesen und Postulate zu den neuen nachrichtendienstlichen Herausforderungen zu formulieren, dann, das soll mit größtmöglicher Nüchternheit betont werden, handelt es sich um Herausforderungen, bei denen einige der Einzelkomponenten zwar bereits Realität geworden sind, die sich aber, so weit erkennbar, noch nicht zum zuvor skizzierten "Triopol von Bedrohung" zusammengefügt haben.

Dieses Triopol, nämlich Organisierte Kriminalität, Terrorismus und Proliferation, ist insofern noch ein teilweise hypothetisches, als noch keine gesicherten Erkenntnisse darüber vorliegen, dass der "symbiotische Terrorismus", also das Zusammenspiel von OK und Terrorismus bereits auch beim Streben des Terrorismus nach Massenvernichtungsmitteln Synergieeffekte gezeitigt hat.

Bisher steht auf jeden Fall Folgendes fest: An der vielfachen Symbiose von OK und Terrorismus ist nicht zu zweifeln. Terrorismen der verschiedensten Art bedienen sich nicht nur krimineller Aktivitäten, um sich zu finanzieren oder auch, um menschliche und materielle Ressourcen grenzüberschreitend zu transferieren, sondern sie sind in Vergangenheit und Zukunft immer wieder auch Kooperationen mit bestehender OK eingegangen, um deren professionelles Know-how zu nützen. Die OK wiederum hatte umgekehrt einen Nutzen, z.B. in der Destabilisierung staatlicher Strukturen durch Terrorismus, etwa um ihren "geschäftlichen" Interessen ungehinderter nachgehen zu können. Beispiele für solche "Arbeitsteilung", die in einigen Fällen bis zur kompletten Symbiose von OK und Terrorismus ging, lassen sich von Lateinamerika über Südosteuropa bis nach Südostasien finden.

Fest steht m.E. auch, dass wesentliche Segmente im terroristischen Gesamtspektrum ein Interesse daran haben, sich in Proliferationsprozesse zum Zweck des Erwerbs von Massenvernichtungsmitteln einzuklinken. Dafür sprechen nicht nur nahe liegende hypothetische Erwägungen, sondern auch ganz konkrete Äußerungen, etwa seitens Al Qaida und auch Erkenntnisse über entsprechende konkrete Bemühungen. Darüber, dass solche Bemühungen womöglich bereits Erfolg gehabt haben, liegen meines Wissens noch keine gesicherten Erkenntnisse vor, wenn auch eine ernst zu nehmende Minderheit in Expertenkreisen diese Möglichkeit nicht mehr ausschließen will. Unabhängig vom tatsächlichen Status quo in dieser Hinsicht ist allerdings eher davon auszugehen, dass sich Terroristen in bestehende Proliferationsmechanismen einzuklinken versuchen werden und dass ihr Erfolg früher oder später nicht auszuschließen ist.

Wenn diese Annahme richtig ist, dann ergeben sich für die nachrichtendienstliche Aufgabenstellung eine Reihe von Postulaten, in deren Konsequenz auch eine qualitative allseitige Veränderung derjenigen nachrichtendienstlichen Bereiche liegt, die mit den entsprechenden Aufgaben befasst sind. Die m.E. wichtigsten dieser Thesen und Postulate sind:

1. Die Kosten (materiell und nichtmateriell) eines terroristischen Anschlages mit Massenvernichtungsmitteln, wobei eine "Rangliste" der Kostenintensivität, chemisch-biologisch-radiologisch-nuklear, angesetzt werden kann (was einen Vergleich der potenziellen Gefährlichkeit von biologischen und radiologischen Mitteln betrifft, so lässt sich je nach spezifischem Szenarium zugegebenermaßen über den diversen "Ranglistenplatz" diskutieren), werden immer größer sein als diejenigen, die ein angemessener Schutz gegen solche Angriffe erfordern würde. Dies gilt in besonders eklatanter Weise für den Einsatz radiologischer und nuklearer Mittel. Konkrete Implikation: Es ist kaum eine nachrichtendienstliche Vorgehensweise denkbar, die nicht zu rechtfertigen wäre, wenn sie realistische Aussichten auf Verteidigung gegen entsprechende Angriffe eröffnen würde. In diesem Zusammenhang wird gerne warnend darauf hingewiesen, dass der Kampf gegen den Terrorismus nicht so weit gehen darf, dass die Mittel dieses Kampfes das in Frage stellen, dessen Bewahrung sie eigentlich dienen sollen: etwa Freiheit und Würde der Person, Abwesenheit jeglicher Form von Totalitarismus und Freiheit von staatlicher Kontrolle und Gängelung, die letztlich auf Reduzierung von Grundrechten hinauslaufen würde.

Diese Position ist natürlich gänzlich zu unterschreiben, allerdings setzt sie m.E. eine Vorstellung der terroristischen Bedrohung voraus, die mit der zu erwartenden Realität angemessener Bekämpfung verhältnismäßig wenig zu tun haben dürfte.

Erfolgreiche nachrichtendienstliche Bekämpfung eines Terrorismus, der den Einsatz von Massenvernichtungsmitteln plant, wird sich nicht so sehr auf die Endphase (im Folgenden verwende ich Begriffe aus der ABM-Strategie, die m.E. sehr gut übertragen werden können) konzentrieren können, sondern auf die "boost phase".

Unter "Endphase" soll das Stadium einer terroristischen Operation verstanden werden, wenn die Angriffsmittel bereits "im Lande" sind und es nur noch um die taktischen Schritte der Durchführung geht. Wenn man sich auf die Intervention in der "Endphase" konzentriert, ist die Gefahr groß, dass die dann erforderlichen Überwachungsmaßnahmen unverzichtbare Grundwerte in Frage zu stellen beginnen. Anders dagegen wäre es nach meiner Einschätzung, wenn man sich auf die "boost phase" der terroristischen Operation konzentrieren würde. Dann ginge es beispielweise darum, einschlägige Strukturen von Staaten mit Proliferationsneigung zu unterwandern, möglicherweise Hilfestellung leistende OK oder auch terroristische Gruppierungen selbst.

These: In dem Maß, in dem die Motivation und die Fähigkeit seitens der Nachrichtendienste besteht, die terroristische Operation quasi in der "boost phase" in den Griff zu bekommen, den Fluss der terroristischen Operation möglichst nahe an der "Quelle" zu blockieren, in dem Maß wird auch darauf verzichtbar sein, die Wirksamkeit antiterroristischer Maßnahmen mittels Einschränkungen demokratischer Grundrechte zu Gewähr leisten.

In der Zuspitzung könnte man auch sagen, dass es gerade nicht der in vielerlei Hinsicht unkonventionelle Nachrichtendienst ist, der mit der freiheitlich demokratischen Grundordnung nicht vereinbar ist, sondern der konventionell-bürokratische, weil dieser nämlich – fähig nur zur Abwehr der Bedrohung in der "Endphase" – diese nur mittels tendenzieller Einschränkung der Grundrechte realisieren kann.

Nochmals verkürzt: Es ist das unkonventionelle Vorgehen von Nachrichtendiensten jenseits gewohnter bürokratischer Abläufe, die "boost-phase-intervention" und damit gerade die Bewahrung gesellschaftlicher und individueller Freiheit möglich macht; das, was dagegen an nachrichtendienstlichen Mitteln heute zur Verfügung steht, hat angesichts der skizzierten neuen Bedrohungen einen so defizitären Wirkungsgrad, dass ein ausreichender Schutz nur unter unakzeptabler Reduzierung von Freiheit erfolgen könnte.

2. Ausgehend von den eben skizzierten Überlegungen bzw. unter der Voraussetzung, dass diese im Wesentlichen triftig sind, ergeben sich m.E. eine ganze Reihe radikal klingender Forderungen, die sich wie folgt zusammenfassen lassen: Nachrichtendienste, die dem Einsatz von Massenvernichtungsmitteln durch Terroristen erfolgreich präventiv und im vorangegangenen Sinn gerade zum Schutz von Freiheit in der "boost phase" begegnen sollen, benötigen

a) alternative organisatorische Strukturen,
b) einen unter intellektuellen und psychologischen Aspekten neuen und anderen Typus von Agenten als er heute in der Regel anzutreffen ist.

Zu a:
Nach allem, was heute über den internationalen Terrorismus bekannt ist und das ist wahrhaftig wenig genug, ist seit geraumer Zeit in der Szene eher ein Trend zur Dezentralisierung als zur Zentralisierung zu beobachten. Man hat verschiedentlich beispielweise Al Qaida mit einem "Franchising-Unternehmen" verglichen, das zwar seine Geschäftsphilosophie für die Franchisenehmer als verbindlich erklärt, sich aber in unternehmerische Entscheidungen auf quasi taktischer Ebene nicht einmischt. Dieser Vergleich, sollte er wesentliche Trends in der Entwicklung des internationalen Terrorismus tatsächlich abdecken, hätte wichtige Konsequenzen, was die Möglichkeiten nachrichtendienstlicher Aufklärung betrifft: Das Ausmaß und die Qualität dieser Möglichkeiten wird direkt proportional zu dem Maß sein, in dem sich das Aufklärungssubjekt dem Aufklärungsobjekt zumindest organisatorisch anzupassen vermag. Anders gesagt: Der Wirkungsgrad zentralisierter nachrichtendienstlicher Bürokratien wird bei der Aufklärung dezentral organisierter Strukturen immer unbefriedigend bleiben.

Warum genau ist das so? Die Frage soll indirekt behandelt werden. Große Bürokratien haben ihre großen Stärken. Dazu gehört zum Beispiel, dass sie (in der Regel) ein großes "Gedächtnis" haben, dass die quasi "archivarischen" Kapazitäten zur systematischen Abklärung gleicher und ungleicher Phänomene, Prozesse und Sachverhalte von anderen Organisationsformen kaum übertroffen werden können, dass der un- und überpersönliche Charakter von Arbeitsabläufen gute (natürlich nicht hundertprozentige) Gewähr auf Ausschluss subjektivistischer Fehleinschätzungen bietet und vieles mehr. Wenn es aber vor dem Hintergrund der skizzierten neuen Formen von Bedrohung in erster Linie darauf ankommt, Schaden präventiv zu verhindern anstatt post festum im Wesentlichen nur noch Aufklärungsarbeit zu betreiben, etwa um, wie die Polizei, Verbrechen aufzuklären und Täter dingfest zu machen, dann sind Bürokratien in gefährlichem Maß unzulänglich.

An dieser Stelle eine möglicherweise weiterführende These, die m.E. aber historisch gut unterstützt werden kann: Bürokratien, in unserem Zusammenhang also nachrichtendienstliche Bürokratien, sind zu Prävention ermöglichender Aufklärung nur in dem Maß in der Lage, in dem das Beobachtungsobjekt selbst bürokratisch strukturiert ist.

Wenn das (bürokratische) Beobachtungssubjekt nicht die "Sprache", das "Denken" und das "Verhalten" des Beobachtungsobjektes "in sich" zu "simulieren" versteht, ist nicht vorstellbar, dass Prävention, d.h. auch die realitätsnahe Kalkulierung zukünftigen Verhaltens, möglich sein kann. In den Worten von Richard Aldrich: "Intelligence is quite good at finding out what has happened recently. It is not much good at predicting the future".[14]

An dieser Stelle der Diskussion pflegt der Einwand erhoben zu werden, dass es wiederholt unbezweifelbare Erfolge nachrichtendienstlicher Bürokratien beim Bemühen um Prävention von Operationen dezentral strukturierter Gruppierungen gegeben hat. Die nach meiner Einschätzung stichhaltige Gegenthese lautet: Diese Erfolge wurden nicht wegen, sondern trotz der bürokratischen Verfasstheit der betreffenden Nachrichtendienste erzielt. Genau genommen spielte "Kommissar Zufall" eine entscheidende Rolle oder auch der Umstand, dass die eigentlich gültigen bürokratischen Spielregeln verletzt wurden oder sich Überläufer zu Verfügung stellten, die angemessen zu "verbuchen" den Bürokratien aber immer noch sattsam schwer fiel.

Dass die bisherigen nachrichtendienstlichen Erfolge im Kampf gegen den internationalen Terrorismus im Gegensatz zu den Triumphfanfaren der Beruhigerfraktion ehrlich gesagt mehr als dünn waren, spricht m.E. nachdrücklich dafür, die Möglichkeit neuer Organisationsformen bei den Nachrichtendiensten anzudenken. Kein ernst zu nehmender Experte zweifelt daran, dass der Umstand, dass die ganz große (und immer wahrscheinlichere) terroristische Operation bisher nicht stattgefunden hat (leider war auch 9/11 noch sehr weit unter dem heute realistisch Vorstellbaren angesiedelt), eher glücklichen Umständen aller Art zu verdanken ist als den präventiven Fähigkeiten unserer nachrichtendienstlichen Bürokratien.

Zu b:
Wenn man erfahrene Insider des nachrichtendienstlichen Metiers fragt, welche Eigenschaften und Qualifikationen Menschen aufweisen müssten, um sich möglichst erfolgreich um die auf Prävention ausgerichtete Aufklärung der neuen Bedrohungen bemühen zu können, wird eine auf den ersten Blick vielleicht erstaunliche Liste präsentiert. Immer wieder genannt werden: Fantasie, Intuition, Kreativität, Non-Konformismus, Verständnis für kulturelle Relativität, wissenschaftliches Denken kombiniert mit Einsicht in die Notwendigkeit interdisziplinären Ansatzes, schnelle Anpassungsfähigkeit an unbekannte Situationen, Fähigkeit zur sozial- und individualpsychologischen Einfühlung etc. Es ist sicher keine Übertreibung zu sagen, dass es genau diese Eigenschaften und Qualifikationen sind, die innerhalb bürokratischer Strukturen eher als kontraproduktiv zu betrachten sind und deren Manifestationen deshalb eher selten sind.

Damit soll nicht gesagt, dass Menschen, die in Bürokratien tätig sind, nicht über solche Eigenschaften verfügen können, sondern nur, dass diese innerhalb der offiziellen Arbeitsabläufe eher Probleme schaffen als lösen können.

Erwähnt werden sollte in diesem Zusammenhang allerdings, dass es in der Geschichte der nachrichtendienstlichen Aufklärung dann und wann Situationen gegeben hat, in denen auf Grund extremer Bedrohung die Bürokratien quasi über ihren Schatten gesprungen sind und unkonventionelle Strukturen zugelassen haben, in denen die zuvor skizzierten Eigenschaften auch innerhalb des offiziellen Arbeitsablaufes zum Tragen kamen.

Klassisches Beispiel dafür ist die Bildung und die Arbeitsweise der Gruppe der codebreakers in Bletchley Park, die während des Zweiten Weltkrieges deutsche Codes knackten und damit zur Verkürzung des Krieges um ca. zwei Jahre beigetragen haben dürften.

Auch heute zeichnet sich angesichts des zuvor skizzierten neuen "Triopols von Bedrohung" eine Extremsituation ab, die früher oder später die Rekrutierung für nachrichtendienstliche Aufgaben von Personengruppen, die nach konventionellen Maßstäben eher unwahrscheinlich wäre für alternative Strukturen, die mit den bekannten bürokratischen wenig zu tun haben, unvermeidlich machen wird.

10. Aufgabenstellung und Möglichkeiten

Eine These von Paul R. Pillar soll an den Anfang dieses Abschnittes gestellt werden: "Although every counterterrorist instrument must be used to the fullest, in some respects the terrorist-by-terrorist, cell-by-cell disruption of terrorist infrastructures is the most fruitful. To be shure, this instrument-like all the others has considerable limitations. The most serious is the uncertainty that a would-be terrorist, especially one who has not been involved in previous attacks, will come on to the intelligence agencie's screen in the first place. The potenzial payoffs, however, also are considerable. Put up security countermeasures around one potenzial terrorist target and you have protected that one target from attack (probably through one particular method), or as long as you keep the security in place. Disrupt a terrorist cell and you have prevented that cell from attacking any target, at any time, with any method."[15]

Die Rationalität dieses Ansatzes liegt m.E. auf der Hand, wenn auch in der heutigen konkreten Situation die Mittel zu seiner Realisierung so gut wie nicht vorhanden sind. Das heißt, dass weder die nachrichtendienstlichen Organisationsformen vorhanden sind, um terroristische Strukturen proaktiv zu unterwandern, noch ist der Zuschnitt des heute zur Verfügung stehenden Personals dergestalt, dass Unterwanderungsoperationen direkt, also unter Einsatz fester Kräfte oder auch indirekt unter Verwendung von NV mit ausreichender Aussicht auf Erfolg, bewerkstelligt werden können.

Solche Operationen würden mit Sicherheit sehr viel Geduld erfordern, Fantasie und auch eine Risikofreudigkeit, die eher eine Affinität zu unternehmerischer Motivation besitzt, als zu der für bürokratische Strukturen typische "OPIP"(ohne Panne in Pension)-Mentalität.

Damit soll nicht gesagt sein, dass die vorhandenen nachrichtendienstlichen Strukturen, so weit sie sich mit dem neuen "Triopol" von Bedrohung beschäftigen, abgeschafft werden müssten. Die schon genannten Stärken dieser Strukturen sind weithin unverzichtbar. Was allerdings m.E. nötig wäre, ist eine Ergänzung durch alternative Strukturen.

Dabei wird es nicht genügen, etwa nur neue Abteilungen zu kreieren, die vielleicht etwas anders aufgebaut sind, letztlich aber doch nur innerhalb des bürokratischen Gesamtsystems agieren können.

Man wird sich nicht mehr allzu lange der Einsicht verschließen können, dass es zur "Triopol"-Aufklärung eines eigenen Nachrichtendienstes bedarf, der strukturell und personell höchst alternativ ist, wenn man die vielfachen Kosten (Opfer, wirtschaftliche, psychologische und Kosten für die Freiheit des Bürgers) in überschaubaren und zu bewältigenden Grenzen halten möchte.

Ein solcher Nachrichtendienst wird völlig neue Selektions- und Rekrutierungsstrategien entwickeln müssen, um die richtigen Leute zu gewinnen. Er muss so strukturiert sein, dass die oft immens destruktiven laufbahnstrategischen und laufbahnrechtlichen Gegebenheiten, die für "konventionelle" Nachrichtendienste so typisch sind, eine möglichst geringe Rolle spielen und mit der Schaffung eines solchen alternativen Nachrichtendienstes müssen auch die Zielsetzungen von maximaler Flexibilität und wirksamer demokratischer Kontrolle in Einklang gebracht werden können.

Dass es sich dabei nicht notwendig um den Versuch einer Quadratur des Kreises handeln muss, habe ich bereits insofern anzudeuten versucht, als m.E. gerade ein proaktiver Ansatz die Grundrechte in höherem Maß zu respektieren erlaubt, als der heute weithin gültige post-festum- und "Objektschutzansatz, den Pillar mit Recht kritisiert. Die Beantwortung der Frage, wie eine wirksame Kontrolle eines wesentlich näher am Feind arbeitenden Nachrichtendienstes aussehen müsste, würde sicherlich viele Varianten kennen, deren Identifizierung vor allem die Aufgabe der einschlägigen Rechtsexperten wäre.

Da es sich aber bei einem alternativen Nachrichtendienst eher um ein Netzwerk einzelner Arbeitsteams handeln müsste als um eine große hinsichtlich einzelner Verantwortlichkeiten eher unüberschaubare Bürokratie, wäre die Kontrolle der diversen Aktivitäten im Fall des alternativen Nachrichtendienstes grundsätzlich leichter. Dass der Teufel auch hier im Detail stecken wird, kann natürlich zugegeben werden, sollte aber nicht als Ausrede dafür missbraucht werden, dass über das Thema nicht ernsthaft nachgedacht werden darf.

Ein israelischer Experte, ehemaliger Angehöriger eines Nachrichtendienstes mit erheblicher Erfahrung bei der Bekämpfung des Terrorismus, hat, wie ich meine, sehr bildhaft den Unterschied zwischen konventionellem und alternativem Nachrichtendienst mit dem Unterschied zwischen einem Symphonieorchester und einer Jazzband verglichen: Der konventionelle Dienst spielt nach einer vorgegebenen Partitur und es ist letztlich der Dirigent, der die verpflichtende Interpretation durchsetzt, auch wenn einzelne Musiker vielleicht in begrenzten Bereichen kleine Vorschläge anbringen können. Das Gegenstück dazu wäre die Jazzband, in der sich die einzelnen Musiker, hierarchisch nicht reglementiert, um die Interpretation eines Themas bemühen und sich mit ihren Beiträgen gegenseitig zu Kreativität anregen. Mit der Auseinandersetzung mit dem Thema des Terrorismus wäre besser die nachrichtendienstliche "Jazzband" betraut, da es eine genaue Partitur hierbei nicht gibt.

Anmerkungen

1 Godson, Roy: Dirty Tricks or Trump cards – U.S. Covert Action and Counterintelligence, Washington/London 1995, S.252.

2 Hervorhebung durch den Verf. Jakob, Bernd: Geheime Nachrichtendienste und Globalisierung, Frankfurt/Main 1999, S.14.

3 Gruppe von Lissabon: Grenzen des Wettbewerbes. Die Globalisierung der Wirtschaft und die Zukunft des Menschen, München 1997.

4 Ebd., S.50.

5 Zur Evolution der TOK vgl. Lupsha, Peter A.: Transnational Organized Crime versus the Nation-State, in: Transnational Organized Crime, Volume 2, Spring 1996, Nr.1.

6 Zur Begriffsbestimmung vgl. Lange, Klaus H.: Neue Formen des Terrorismus, aktuelle analysen 11, Akademie für Politik und Zeitgeschehen der Hanns-Seidel-Stiftung München 1998.

7 Pillar, Paul R.: Intelligence, in: Attacking Terrorism, Washington, D.C. 2004, S.115f.

8 Hier herangezogene Ausgabe Kuhn, Thomas S.: Die Struktur Wissenschaftlicher Revolutionen, 15. Auflage, Frankfurt a. M. 1999.

9 Ebd., S.10.

10 Vgl. Lange, Klaus. H.: Some Aporias in Karl Popper's Social Philosophy, in: Journal of the University of Durban-Westville, Vol.4, No.1, Durban 1981.

11 Halevy, Efraim: In defence of the intelligence services, in: The Economist, July 31st-August 6th 2004, S.21.

12 Vgl. u.a. Merton, Robert K. et al. (Hrsg.): Reader in Bureaucracy, London 1952.

13 The Economist, March 19th-25th, 2005, S.29.

14 The Independent, 10. July 2005.

15 Pillar, P.: Intelligence, S.117.

Verantwortlich:
Dr. Reinhard C. Meier-Walser
Leiter der Akademie für Politik und Zeitgeschehen
der Hanns-Seidel-Stiftung

Autor:
Prof. Dr. Klaus Lange
Referent für Internationale Sicherheitspolitik, Hanns-Seidel-Stiftung München

"aktuelle analysen"
bisher erschienen:

Nr. 1 Problemstrukturen schwarz-grüner Zusammenarbeit (vergriffen)

Nr. 2 Wertewandel in Bayern und Deutschland – Klassische Ansätze – Aktuelle Diskussion – Perspektiven (vergriffen)

Nr. 3 Die Osterweiterung der NATO – Die Positionen der USA und Russlands (vergriffen)

Nr. 4 Umweltzertifikate – ein geeigneter Weg in der Umweltpolitik? (vergriffen)

Nr. 5 Das Verhältnis von SPD, PDS und Bündnis 90/Die Grünen nach den Landtagswahlen vom 24. März 1996 (vergriffen)

Nr. 6 Informationszeitalter – Informationsgesellschaft – Wissensgesellschaft (vergriffen)

Nr. 7 Ausländerpolitik in Deutschland (vergriffen)

Nr. 8 Kooperationsformen der Oppositionsparteien (vergriffen)

Nr. 9 Transnationale Organisierte Kriminalität (TOK) – Aspekte ihrer Entwicklung und Voraussetzungen erfolgreicher Bekämpfung (vergriffen)

Nr. 10 Beschäftigung und Sozialstaat (vergriffen)

Nr. 11 Neue Formen des Terrorismus (vergriffen)

Nr. 12 Die DVU – Gefahr von Rechtsaußen (vergriffen)

Nr. 13 Die PDS vor den Europawahlen (vergriffen)

Nr. 14 Der Kosovo-Konflikt: Aspekte und Hintergründe (vergriffen)

Nr. 15 Die PDS im Wahljahr 1999: "Politik von links, von unten und von Osten" (vergriffen)

Nr. 16 Staatsbürgerschaftsrecht und Einbürgerung in Kanada und Australien (vergriffen)

Nr. 17 Die heutige Spionage Russlands

Nr. 18 Krieg in Tschetschenien

Nr. 19 Populisten auf dem Vormarsch? Analyse der Wahlsieger in Österreich und der Schweiz (vergriffen)

Nr. 20 Neo-nazistische Propaganda aus dem Ausland nach Deutschland

Nr. 21 Die Relevanz amerikanischer Macht: anglo-amerikanische Vergangenheit und euro-atlantische Zukunft

Nr. 22 Global Warming, nationale Sicherheit und internationale politische Ökonomie – Überlegungen zu den Konsequenzen der weltweiten Klimaveränderung für Deutschland und Europa

Nr. 23 Die Tories und der "Dritte Weg" – Oppositionsstrategien der britischen Konservativen gegen Tony Blair und New Labour

Nr. 24 Die Rolle der nationalen Parlamente bei der Rechtssetzung der Europäischen Union – Zur Sicherung und zum Ausbau der Mitwirkungsrechte des Deutschen Bundestages (vergriffen)

Nr. 25 Jenseits der "Neuen Mitte": Die Annäherung der PDS an die SPD seit der Bundestagswahl 1998

Nr. 26 Die islamische Herausforderung – eine kritische Bestandsaufnahme von Konfliktpotenzialen (vergriffen)

Nr. 27 Nach der Berliner Wahl: Zustand und Perspektiven der PDS (vergriffen)

Nr. 28 Zwischen Konflikt und Koexistenz: Christentum und Islam im Libanon (vergriffen)

Nr. 29 Die Dynamik der Desintegration – Zum Zustand der Ausländer integration in deutschen Großstädten (vergriffen)

Nr. 30 Terrorismus – Bedrohungsszenarien und Abwehrstrategien (vergriffen)

Nr. 31 Mehr Sicherheit oder Einschränkung von Bürgerrechten – Die Innenpolitik westlicher Regierungen nach dem 11. September 2001 (vergriffen)

Nr. 32 Nationale Identität und Außenpolitik in Mittel- und Osteuropa

Nr. 33 Die Beziehungen zwischen der Türkei und der EU – eine "Privilegierte Partnerschaft"

Nr. 34 Die Transformation der NATO. Zukunftsrelevanz, Entwicklungsperspektiven und Reformstrategien (vergriffen)

Nr. 35 Die wissenschaftliche Untersuchung Internationaler Politik. Struktureller Neorealismus, die "Münchner Schule" und das Verfahren der "Internationalen Konstellationsanalyse" (vergriffen)

Nr. 36 Zum Zustand des deutschen Parteiensystems – eine Bilanz des Jahres 2004

Nr. 37 Reformzwänge bei den geheimen Nachrichtendiensten? Überlegungen angesichts neuer Bedrohungen

Ab der Ausgabe Nr. 9 stehen unsere Hefte unter www.hss.de auch zum Download zur Verfügung.